야호! 신난다! 재잘재잘 역사여행

고려의 멸망과 조선의 건국
- 이성계 -

고려 말, 중국에서는 힘이 약해진 원나라와 새로 세워진 명나라가 싸우고 있었어요.

힘이 세진 명나라는 고려가 넓힌 북쪽 땅을 내놓으라고 으름장을 놓았어요.

"첫째, 명나라보다 군사와 식량이 적고,
둘째, 농사가 바쁜 여름에 전쟁을 해서는 안 되며,
셋째, 남쪽의 왜구가 다시 쳐들어올 수 있고,
넷째, 장마철이라 활이 풀어지고 전염병이 돌 수 있어 안 됩니다."

하지만 고려는 명나라와 전쟁을 하기로 결정했어요.
결국 이성계는 군사들을 이끌고 압록강의 위화도까지 갔어요.
그런데 주룩주룩 내린 비로 강물이 불어나 꼼짝할 수가 없었어요.
한참을 고민하던 이성계는 군사를 돌려 개경으로 돌아갔어요.
얼마 뒤 이성계는 왕을 몰아내고 새 나라를 세웠어요.
이 나라가 '조선'이에요.

이성계(1335~1408)
1392년 조선을 세운
조선 제1대 임금이에요

황희와 맹사성은 세종대왕의 명재상들이에요.
재상은 임금을 돕고 벼슬아치들을 이끄는 높은 벼슬이에요.
* 벼슬아치 : 관청에 나가서 나랏일을 맡아보는 사람

왕이 나라를 잘 다스리려면 훌륭한 재상이 있어야 하고, 이런 분들을 명재상이라고 해요.

어느 봄날, 길을 가던 황희는 누렁소와 검정소로 밭을 가는 농부를 만났어요.
"이보시오, 두 마리 소 중 어느 소가 일을 더 잘하오?"
그러자 농부가 황희의 귀에 작게 속삭였어요.
"누렁소지요."

이상하게 여긴 황희가 물었어요.
"그냥 크게 말하면 되지 왜 귓속말을 하는 거요?"
"아무리 말 못하는 짐승이라도 검정소가 들으면 서운해 합니다."
농부의 말을 들은 황희는 자신이 부끄러웠어요.
그날 이후 황희는 남의 잘못을 함부로 말하지 않고
공평하게 나랏일을 했다고 해요.

맹사성은 **소박한 차림**으로 가마가 아닌 소를 타고 피리를 불며 다녔어요.
그래서 재상인지 평민인지 구분이 되질 않았대요.
나라에서 주는 봉급은 백성들에게 나눠주고 비가 새는 초가집에서
비를 피하려고 삿갓을 쓰고 살았지요.

언제나 백성을 먼저 생각하는 맹사성과 사람들에게 공평한 황희는 세종대왕을 열심히 도와 백성이 행복한 나라를 만들었답니다.

신하를 아끼고 공부하기를 좋아한 세종대왕
- 훈민정음 -

우리나라는 옛날부터 '말'은 있었지만 '글자'가 없었어요.
그래서 중국의 한자를 써 왔지요.
한자는 우리말과 달라서 배우기가 무척 어려웠어요.
"어르신, 저기 뭐라고 쓰여 있는 겁니까?"

하루 종일 농사일로 바쁜 백성들은 공부할 시간이 없었어요.
어려운 한자를 가르쳐주는 사람도 없었기 때문에
글자를 안다는 것은 상상할 수도 없는 일이었어요.
"이보게들, 해 지기 전에 어서 서두르세~"

어느 날, 세종대왕은 백성들의 대화를 듣게 되었어요.
"저 종이에 뭐라고 적혀 있는 거야?"
"나도 모르지. 눈이 있으면 뭐 하나, 글을 모르니……"
세종대왕은 백성들이 글을 몰라 어려움을 겪는 것을 보고 마음이 아팠어요.

궁궐로 돌아온 세종대왕은 백성들을 떠올리며 굳은 결심을 했어요.
"백성들도 쉽게 배울 수 있는 우리글을 만들어야겠어."

세종대왕은 신하들과 함께 밤낮으로 우리글을 만들기 위해 연구했어요.
"새로운 글자를 만들기 위해서는 다른 나라의 문자들이
어떻게 만들어졌는지 알아야 해."
세종대왕은 잠도 못 자고, 눈이 아파서 잘 보이지 않았지만
연구를 멈출 수 없었어요.

이런 노력 끝에 마침내 우리만의
글자가 만들어졌어요.(1443년)
새로운 글자의 이름은 '백성을 가르치는 바른 소리'
라는 뜻의 '훈민정음'이에요.
우리글을 만들겠다는 세종대왕의 굳은 결심 덕분에
우리나라는 세계에서 가장 과학적인 글자를
갖게 되었어요.

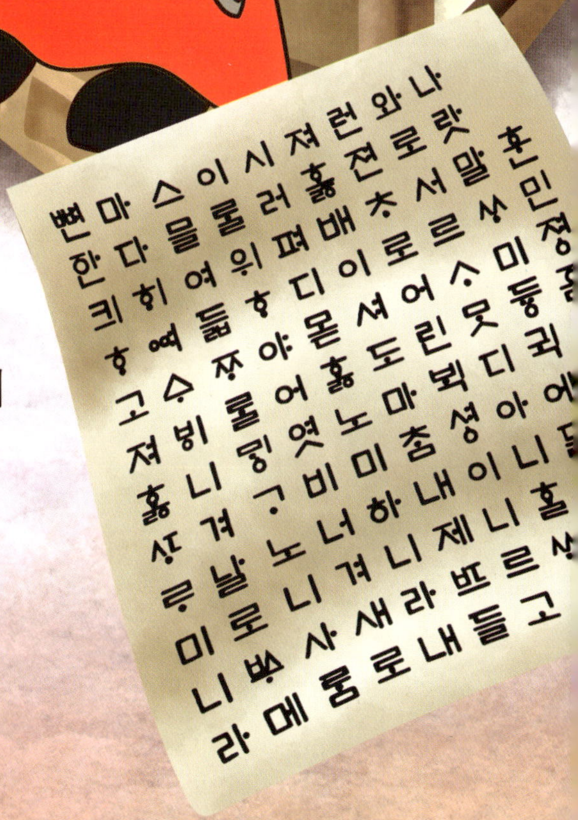

훈민정음 언해본
한글로 쓰인 훈민정음
해설서예요.

또한 세종대왕은 북쪽으로 영토를 넓혀 백성들을 그 땅에 보내 살게 했어요.
그리고 우리 땅에 잘 맞는 농사법을 정리해
<농사직설>이란 책으로 만들었어요.
농작물을 기르고 씨앗을 다루는 방법 등이 담겨 있어
백성들에게 큰 도움이 되었대요.

그리고 훌륭한 학자들이 '집현전'에서 열심히 연구할 수 있게 도와주어 학문과 과학이 크게 발전하였답니다.

집현전 (현재 경복궁 수정전 자리)
똑똑한 학자들이 모여 연구하던 곳이에요. 훈민정음, [농사직설] 등이 이곳에서 만들어졌어요

왕의 자리를 놓고 벌어진 다툼
- 단종 이야기 -

문종은 어려서부터 글공부를 좋아하고 효심이 깊어
아버지인 세종대왕의 사랑을 듬뿍 받았지만, 안타깝게도 몸이 약했어요.
"등에 난 종기가 점점 심해지고 있으니 정말 걱정이야."

문종은 세종대왕이 돌아가시자 몸이 아파 끙끙 앓으면서도
차가운 빈소를 지켰어요.
"전하, 제발 건강을 돌보소서."
문종의 건강이 걱정된 신하들이 말려보았지만 기어코 삼년상을 치렀어요.
"백성들은 무덤 옆에서 삼년상을 치르는데……,
이렇게 편히 치르는 게 죄송할 뿐이구나."

결국 문종은 삼년상을 치른 지 한 달도 채 못 되어 병이 나고 말았어요.
문종은 황보인과 김종서를 불러 말했어요.
"내가 없더라도 어린 세자를 도와 나라를 잘 이끌어 주시오.
부탁하오……" "아바마마……흑흑흑"

아버지를 잃은 세자는 열두 살의 어린 나이로 왕위에 올랐어요.
바로 조선 제6대 임금 '단종'이에요. 조선에는 스무 살이 안 된
임금이 왕이 되면, 어머니나 할머니가 대신 나랏일을 돌보아 주는
'수렴청정'이라는 제도가 있었어요.

그런데 단종은 태어난 지 사흘 만에 어머니를
여의어 돌보아줄 어머니도 할머니도 없었어요.
열두 살의 어린 나이에 홀로 나라를 이끌어야 했지요.
다행히 황보인과 김종서가 단종을 도와 나랏일을 돌보아 주었어요.
"황보인과 김종서가 있어서 정말 다행이야."

그런데 단종의 큰 삼촌인 수양대군은 불만이 많았어요.
"황보인과 김종서가 왕 노릇을 대신하게 둘 수는 없습니다.
전하께서는 저만 믿으십시오."

수양대군은 단종에게 김종서와 황보인이 역모를 꾸몄다고 한 후 죽여 버렸어요. 그 후 단종은 무서움에 떨며 수양대군에게 왕위를 넘겨 주었고 유배지인 영월에서 목숨을 잃고 말았답니다.

* 역모 : 왕을 바꾸려는 일
* 유배 : 죄인을 먼 시골이나 섬에 보내어 일정기간 머물게 하던 형벌

청령포(강원도 영월)
조선 제6대 임금 단종의 유배지에요.